CAUSE NAPOLÉONIENNE

EMPIRE ÉLECTIF ET DÉCENNAL.

EXTRAIT DU PROCÈS POLITIQUE

DE

M. ARISTIDE FERRERE.

PARIS

1849.

IMPR. DE JULES-JUTEAU ET Cᵉ, RUE SAINT-DENIS, 345.

CAUSE NAPOLÉONIENNE.

EXTRAIT DU PROCÈS POLITIQUE

DE

M. ARISTIDE FERRERE,

Jugé par la Cour d'Assises de la Seine,

LE 11 JUILLET 1849.

M. Aristide Ferrere, ancien Banquier et ancien Agent des finances d'Espagne à Paris, a comparu aujourd'hui 11 juillet 1849, devant le Jury, comme prévenu d'avoir, par la publication et la distribution des cinquième et sixième circulaires électorales intitulées « *Aux Électeurs des Campagnes et aux Ou-* » *vriers* » commis le délit d'attentat contre la Constitution et les institutions républicaines.

1849

M. Aristide Ferrere, assisté de Me Chaix-d'Est-Ange, se lève et dit :

« Monsieur le Président, Messieurs les Jurés,

« Lorsque j'ai écrit ces circulaires, j'avais présent
» à la pensée l'article de la Constitution, qui permet
» sa révision. Je ne suis donc pas un perturbateur, et
» je ne désire que le calme et la prospérité de mon
» pays.

» Je n'ai pas fait appel à la force brutale, mais bien
» à l'intelligence et au patriotisme des Électeurs ; et,
» en ma qualité d'homme d'affaires, je crois, et je
» l'ai écrit, que le commerce et le travail ne peuvent
» reprendre qu'avec un Pouvoir Exécutif plus for-
» tement constitué que celui qu'on nous a donné.

» Il me paraît qu'une crainte exagérée de la nomi-
» nation de Louis-Napoléon Bonaparte a fait com-
» mettre à l'Assemblée Constituante une grande faute,
» en lui faisant restreindre à des limites trop étroites
» la durée et l'étendue du Pouvoir présidentiel ; faute
» dont le résultat peut être la cause de grands mal-
» heurs pour le pays ; car, Messieurs les Jurés, com-

» ment voulez-vous que des usines, qui demandent
» deux ou trois ans pour être construites et prêtes à
» marcher, puissent trouver des capitaux? que l'ar-
» mateur pose une quille sur le chantier et entreprenne
» des voyages de long cours? que le crédit se conso-
» lide, que les grands travaux des chemins de fer com-
» mencent? si dans le cours de leur exécution on doit
» se trouver en présence de l'agitation populaire, et
» des craintes légitimes que fera naître l'approche
» d'une nouvelle Élection présidentielle.

» J'ai pu me tromper dans les termes dont je me
» suis servi, Messieurs, mais non dans le fond; et je
» le dis de nouveau, avec la conviction que la connais-
» sance des affaires me donne, rien de sérieux ne se
» fera qu'après que le Pouvoir exécutif aura été cons-
» titué d'une manière plus forte et plus stable; et
» c'est dans ce but, que je me suis adressé aux Élec-
» teurs, pour les engager à nommer des représentants,
» qui, voyant l'abîme, aient le courage et l'énergie
» nécessaires pour aviser.

M. l'Avocat-général a pris alors la parole; il a lu
» les circulaires incriminées, et, en s'adressant aux
» Jurés, il a soutenu l'accusation, en disant :

Que les explications qu'on venait d'entendre étaient conformes à celles que M. Aristide Ferrere avait données lui-même devant M. le Juge d'instruction ; qu'il était le premier à reconnaître la modération de forme avec laquelle les circulaires ont été rédigées ; l'autorité des motifs sur lesquels M. Ferrere se fonde, et que son expérience des affaires fait valoir, ainsi que le talent dont l'appui était assuré à la défense ; mais que ces considérations ne devaient pas atténuer aux yeux de MM. les Jurés, le délit reproché à l'auteur.

La prévention, suivant M. l'Avocat-général, résulte principalement des passages suivants :

« Conformément à ma circulaire du 17 janvier, » vous demanderez aux candidats portés sur la liste » définitive, une *déclaration* de dévouement à la fa- » mille de Napoléon, qui *seule* est compatible avec » le principe de la démocratie de 89, et *seule* peut » fonder aujourd'hui un gouvernement durable en » France.

» Électeurs des campagnes et ouvriers ! vous avez » conquis : l'éligibilité à 25 ans, le suffrage universel, » le pouvoir électif, ne laissez péricliter aucun de

» ces droits, et que votre drapeau électoral porte pour
» devise :

  » *Nouvelle génération,*

  » *Suffrage universel,*

  » *Empire électif et décennal.*

  » Vous voyez, dit en terminant M. l'Avocat-général,
» quelle est l'intention réelle de l'auteur ; ce ne sont
» pas seulement des réformes plus ou moins pro-
» fondes qu'il demande, quant aux pouvoirs tempo-
» raires du Président de la République, c'est la subs-
» titution d'un *Empereur* à un *Président,* lequel, il
» est vrai, serait nommé par le suffrage universel.
» Un pareil système n'en serait pas moins le renver-
» sement complet de la Constitution, et vous ne pou-
» vez laisser impunie une pareille attaque aux ins-
» titutions républicaines. Rappelez-vous, Messieurs
» les Jurés, toutes les révolutions que nous avons
» traversées, et, puisque nous avons aujourd'hui la
» République, ne souffrez pas que l'on fasse des efforts
» pour nous jeter encore dans de nouveaux hasards.
» Et, en mettant par votre jugement le nouveau
» gouvernement à l'abri de toutes les attaques, vous
» fermerez enfin l'abîme des révolutions. »

Mᵉ Chaix-d'Est-Ange, dans une brillante plaidoirie dont nous ne pouvons donner qu'une bien faible esquisse, s'est exprimé à peu près en ces termes :

« Un mot d'abord, Messieurs les Jurés, sur cet
» homme, qui est là devant moi. Quel est-il? Exa-
» minons un peu sa vie, nous n'en serons que plus à
» même de porter un jugement. A l'âge de seize ans,
» entrant dans les grandes maisons et apprenant les
» grandes affaires de banque et de commerce, il étudie
» successivement, à l'étranger et à Paris, le crédit
» public et privé ; nous le suivons dans la carrière
» commerciale, qu'il parcourt avec loyauté. Plus
« tard, profitant de l'expérience qu'il a acquise, il
» entreprend de relever le crédit et d'améliorer les
» finances de l'Espagne ; il apporte à cette tâche la
» capacité qui le distingue, et le Gouvernement es-
» pagnol, reconnaissant de ses services, lui adresse
» officiellement des remercîments par l'organe du
» *Moniteur de Madrid*, dont je suis porteur, et que
» j'ai là sous ma main.

» Tel est, Messieurs, l'honorable citoyen qui
» comparaît devant vous. Comment M. Ferrere est-il
» ici? Par quelles circonstances y est-il amené?

» Lorsque la Révolution de Février éclata en

» France , qu'au moyen et sous prétexte de démons-
» trations politiques, la capitale voyait chaque matin
» ses rues troublées, ses boutiques fermées, le crédit
» se détruire, les portefeuilles se vider , la propriété
» et la famille attaquées , M. Aristide Ferrere , à la
» vue de si grands malheurs, chercha, comme tous
» les bons citoyens , les moyens d'arrêter ce torrent
» révolutionnaire ; il comprit qu'il fallait, pour réus-
» sir , porter à la tête du Gouvernement un nom
» puissant, qui , par l'influence morale qu'il exer-
» cerait sur les masses , pût les calmer et les di-
» riger vers le bien ; il porta ses yeux vers l'héritier
» du plus grand nom de notre histoire moderne. Dès
» ce moment, il consacra à cette cause tout ce qu'il
» possède d'intelligence et d'énergie ; et, avec un dé-
» sintéressement qui l'honore, sans autre ambition
» que celle de faire le bien de son pays (car vous le
» voyez, Messieurs, il est aujourd'hui ce qu'il était
» hier), il travailla à ses propres frais à faire triom-
» pher les diverses élections de Louis-Napoléon
» Bonaparte. Vous savez aujourd'hui, Messieurs,
» jusqu'à quel point les prévisions de M. Aristide
» Ferrere ont été justifiées ; l'attitude et la conduite
» ferme du Président inspirent la sécurité, et tout
» le monde lui rend cette justice, qu'il ne s'en est pas
» trop mal tiré.

» Venons maintenant au corps du délit. Nous
» avons, dites-vous, attaqué les institutions républi-
» caines. D'abord le sens grammatical du mot vous
» condamne. Qu'est-ce en effet qu'une attaque?
» C'est un acte agressif violemment exécuté , un acte
» direct d'ennemi à ennemi . Or, voyons-nous dans
» les circulaires incriminées , un mot, un seul mot
» de provocation, d'appel aux armes? A-t-il crié, aux
» armes! comme tant d'autres que nous connaissons
» tous? Voyons-nous qu'il convoque à des réunions,
» à des promenades, pour protester et pétitionner?
» Rien de cela; du calme, de la modération, une con-
» venance parfaite de langage, de la sagesse, comme
» n'a pu s'empêcher de le reconnaître l'accusation
» elle-même.

» En vérité, Messieurs, la main sur la conscience,
» je me demande si c'est le ministère public qui ac-
» cuse? Mais non, ce n'est point lui; l'accusation
» part de plus haut, de bien plus haut! Elle émane
» d'un homme que je respecte, qui a occupé une
» haute position, de hautes fonctions dans l'État, du
» citoyen Ducoux! Il a été, je crois, préfet de police;
» n'est-ce pas encore ainsi que cela s'appelle? Le
» citoyen Ducoux a voulu faire du bruit, de l'éclat, et,
» au lieu, comme le lui a très bien dit M. le président

» du Conseil, de s'en entendre avec lui particuliè-
» rement, il a préféré jeter les hauts cris, déclarer la
» République en danger, par les circulaires de
» M. Aristide Ferrere. Le Ministère, ainsi sommé pu-
» bliquement, a promis justice; et voilà comment,
» après avoir publié tranquillement cinq circulaires,
» la sixième, en tombant entre les mains du citoyen
» Ducoux, vous est déférée.

» Attaque aux institutions républicaines! Pour-
» quoi? parce que j'ai dit : *Empire électif et*
» *décennal.*

» D'abord, comme je l'ai dit, il n'y a pas attaque,
» il n'y a que discussion. Or, depuis quand la dis-
» cussion n'est-elle pas libre en France? A toutes
» les époques il a été licite de discuter ce qu'il pouvait
» y avoir de bon ou de mauvais dans une Constitution.
» Ainsi, sous l'empire de la *tyrannie,* dont on nous
» a délivrés en Février, il y avait une loi qui protégeait
» aussi la dynastie et l'ordre constitutionnel établi.
» Eh bien! est-ce qu'il était défendu de discuter le
» principe de la Charte, les différentes dispositions
» qui la composaient, d'élever des doutes sur le mérite
» de certains articles? Est-ce que sous l'ancienne
» dynastie ce droit n'existait pas également? Est-ce

» que le principe monarchique n'était pas discuté,
» alors que dans des pièces telles que celle de *Cinna*,
» et auxquelles applaudissait Louis XIV, on préco-
» nisait l'état populaire, le principe républicain?
» Peut-on nous opposer le décret du 11 août 1848,
» lorsque M. Berville, le rapporteur, a déclaré, lors
» de la discussion, que, par le mot attaque, on n'avait
» pas entendu prohiber la liberté de discussion,
» mais simplement les choses, qui ont un caractère
» agressif? Disculons donc.

» Qu'est-ce que l'institution républicaine? C'est,
» n'est-il pas vrai, un gouvernement fondé sur l'élec-
» tion souveraine, et dans lequel un chef exerce le
» pouvoir temporairement, par délégation populaire.
» Eh bien! qu'est-ce qu'un empire électif et décennal?
» N'est-ce pas la véritable conséquence du principe
» républicain? Le pouvoir n'est-il pas électif? Cesse-
» t-il d'être temporaire? La différence consiste donc
» dans le mot seul; la *chose* est la même; *l'empire*
» *électif,* c'est la consécration du suffrage universel,
» notre loi à tous; *l'empire décennal,* c'est le complé-
» ment du principe républicain; c'est le pouvoir tem-
» poraire.

» M. Aristide Ferrere n'a donc attaqué en rien la

» souveraineté populaire, le suffrage universel, le
» principe électif; il a respecté à cet égard la Consti-
» tution ; ce qu'il demande, c'est que dans l'intérêt
» de l'ordre, de la sécurité publique, de la confiance,
» sans lesquels le travail ne peut reprendre, toutes
» les ambitions ne soient pas mises en mouvement
» tous les trois ou quatre ans, et que les pouvoirs du
» Président aient une durée plus longue, par exemple,
» de dix années. Y a-t-il donc là quelque chose de cou-
» pable? Lorsqu'il est évident qu'il y a danger au
» contraire à ce que la main ferme, qui aurait assuré
» la tranquillité, se trouvât un jour frappée d'impuis-
» sance, au moment même où quatre années d'expé-
» rience auraient donné au chef de l'État la connais-
» sance des hommes et du gouvernement, un coup-
» d'œil plus sûr, une autorité plus grande, reposant
» sur des preuves faites, de capacité et d'aptitude.
» Et c'est dans ce moment là cependant que nous
» sommes légalement destinés à voir surgir des am-
» bitions rivales, et se rouvrir l'abîme des révolutions
» que vous voulez fermer.

» Les tergiversations, les tâtonnements pour ar-
» river à une qualification de délit, car, primitive-
» ment, on accusait M. Ferrere de provocation à un
» attentat ayant pour but de changer ou détruire la

» forme du Gouvernement, prouvent véritablement
» qu'il n'y a rien à lui reprocher.

» Vous réserverez votre sévérité, Messieurs les
» Jurés, pour les attaques audacieuses et incessantes
» contre tous les principes sociaux, et vous n'hésiterez
» pas à acquitter M. Aristide Ferrere, après les explica-
» tions sincères qu'il vous a données. »

M. l'Avocat-général, dans sa réplique, revient avec
» force sur cette recommandation faite dans la 5° cir-
» culaire, de demander aux candidats « une *dé-*
» *claration* de *dévouement* à la *famille* de *Napoléon,*
» qui seule est compatible avec le principe démocra-
» tique de 89, et seule peut fonder aujourd'hui un
» gouvernement *durable* en France. » Il fait remar-
quer que demander une déclaration de dévouement
à une famille, c'est tout-à-fait revenir à des idées *dy-*
nastiques; les dynasties étant les seules qui compor-
tent, dit-il, *les dévouements héréditaires.* Il conclut
à une peine, la plus douce sans doute, mais enfin il ne
voudrait pas qu'il y eût impunité complète pour un
acte qu'il considère comme un danger.

M⁰ Chaix-d'Est-Ange, réplique :

» Danger! danger de la part d'un bon citoyen qui

» ne veut que l'ordre, la prospérité pour son pays.
» Eh ! Messieurs , lorsque la société toute entière est
» poussée tous les jours vers l'abîme par des millions
» de voix et des milliers d'écrits , qui proclament
» tout haut la souveraineté du but, du but, compre-
» nez-vous bien ! Lorsque cette société si digne de
» commisération , poussée chaque jour par les doc-
» trines les plus abominables , qui s'acharnent sur
» la famille , sur tout ce qu'il y a de plus sacré au
» monde ; lorsqu'elle penche , cette pauvre société ,
» vers un abîme sans fond , ce n'est pas du côté où
» elle penche, qu'il faut se porter pour la sauver et
» l'empêcher de nous engloutir tous avec elle ; non
» ce n'est pas du côté opposé qu'est le danger , c'est
» au contraire là qu'est le salut , c'est de ce côté que
» nous sommes, et que vous vous trouvez avec nous.

» Eh ! quoi ! au lieu d'encourager un honnête
» citoyen , on le conduit devant vous, on l'enlève à
» ses paisibles occupations , à sa vie si douce , à sa
» famille, et tout cela, parce qu'il s'est cru libre d'ex-
» primer sa pensée sur la forme du Gouvernement.

» Je vois ce qui vous effraye, c'est le mot *empire ;*
» si nous demandions l'empire tout court, *l'empire*
» *héréditaire* tel qu'il était avant 1814 , oui , vous

» auriez raison, et nous ne trouverions pas, pour
» nous défendre, cette conviction qui nous anime
» aujourd'hui ; mais, loin de là, Messieurs, c'est un
» *Empire électif* et *décennal*, que nous demandons,
» c'est-à-dire encore une fois la République avec ses
» conditions fondamentales, l'*élection* par le suffrage
» universel, le temps limité pour la durée du pouvoir.
» Nous disons au chef de l'État, vous êtes notre élu
» pour *dix ans* au lieu de *quatre ;* au bout de ces dix
» ans vous viendrez vous retremper dans le suffrage
» universel, pour y recevoir l'approbation ou le blâme
» du peuple, votre souverain ; seulement votre titre
» ne nous plaît pas ; vous vous appelez Président,
» c'est mauvais, c'est banal ; nous avons un président
» de l'Assemblée, des présidents de cours, et une
» foule d'autres présidents ; nous voulons un nom
» qui frappe l'imagination et réagisse sur l'esprit des
» masses, vous vous appellerez *Empereur*. Et je n'au-
» rais pas le droit de dire cela, de le discuter, de l'écrire
» et de le publier si bon me semble ? Mais parfaitement ;
» et, quant à moi, je ne sache pas qu'il existât un
» seul magistrat en France qui pût me condamner
» pour un pareil acte, qui est incontestablement dans
» mes droits et mes facultés de citoyen.

» Un autre grief est celui d'avoir prêché le dévoue-

» ment à la famille de Napoléon. En vérité, Messieurs,
» y avait-il un autre moyen de préconiser le nom,
» qui est aujourd'hui à la tête de l'État, que celui de
» faire appel au dévouement pour sa famille ? Car
» enfin, ce n'est pas que je sache pour ses grandes
» vertus, pour les actes éclatants de sa vie, qu'il a été
» élu ; c'est donc un souvenir de famille, et M. Aris-
» tide Ferrere l'a évoqué en disant aux campagnards :
» Mes amis, souvenez-nous de Napoléon, rappelez-
» vous cette main si ferme, qui ne laissa jamais
» s'ouvrir le gouffre de l'anarchie, qui menace de nous
» engloutir ; vous aimiez l'oncle, *nommez le neveu ;*
» et les campagnards comme les ouvriers, comme
» nous tous, nous nous sommes souvenus; parce que
» malgré nos défaites de 1814 et 1815, malgré l'hor-
» rible tableau de notre pays succombant sous l'Eu-
» rope coalisée, l'image de Napoléon est toujours vi-
» brante, et nous apparaît comme l'ange extermina-
» teur de l'hydre de l'anarchie.

» Vous trouvez là, dites-vous, une allure dy-
» nastique; ah ! prenez garde, n'allons pas plus
» loin ; nous toucherions à un procès de tendance.

» Il y a sans doute, comme vous dites, une espèce
» de penchant aristocratique, à invoquer des souve-

» nirs de famille ; mais que voulez-vous, le monde
» est ainsi fait ; et vous aurez beau décréter l'égalité,
» l'abolition de l'aristocratie et des races ; vous ne
» ferez jamais qu'un homme ne fût plus fier d'être
» fils de Malesherbes que fils de Cartouche.

» Enfin, Messieurs les Jurés, je crois vous avoir
» assez démontré qu'il n'y avait dans cette cause,
» aucun motif de croire nos institutions menacées.
» Bien au contraire, vous aurez pu vous convaincre
» du mobile honorable qui a fait agir M. Aristide
» Ferrere, dans ce qu'il a cru un devoir public. D'un
» autre côté, vous aurez apprécié le caractère de ce
» citoyen si simple, si bon, si candide, et vous le ren-
» drez aux douceurs de sa vie privée, et à sa famille. »

Le Jury, après dix minutes de délibération, déclare
l'accusé *non coupable.*

Ce jugement est rendu à l'*unanimité.*

IMPRIMERIE DE JULES-JUTEAU, RUE SAINT-DENIS, N° 345.